Dieser Block gehört:

Vorname: _____

Name: _____

Alter: _____

Straße: _____

Ort: _____

Willi Wiesel liegt träumend auf der Blumenwiese.
Wie viele Blumen mit fünf Blütenblättern kannst du entdecken?
Male nur diese Blumen bunt an.

Willi Wiesel hat sechs Luftballons mit verschiedenen Mustern
in der Hand. Male den Luftballon, auf dem die meisten Dinge
zu sehen sind, gelb und rot an.

Willi Wiesel darf beim Pizzabacken helfen.
Wie viele Pilze hat er auf der Pizza verteilt? Zähle sie,
und male genauso viele Punkte in das leere Kästchen.

Gerade hat Willi Wiesel mit Kartons einen Turm bis an
die Zimmerdecke gebaut. Wie viele runde Kartons hat Willi
dabei verwendet? Male nur die runden Kartons bunt an.

Gerade hat Willi Wiesel einen Drachen gezeichnet. Der Drachen
ist fast fertig, nur die Farben fehlen noch. Male den Drachen
in den Farben an, die dir die kleinen Bilder daneben zeigen.

In diesem Monat werden alle Tiere im Zoo gezählt.
Welche Zahl neben den Tieren in jeder Reihe ist die richtige?
Male nur die passende Zahl farbig an.

Im Garten sieht Willi Wiesel viele Dinge, die er abzeichnen möchte. Jeden Tag zeichnet er nur ein halbes Bild. Kannst du zu jedem Bild die fehlende Hälfte dazuzeichnen?

Im Zirkus Santini gibt es zu jeder Zahl
die gleiche Anzahl an Tieren. Zeichne einen Strich
von jeder Zahl zu den richtigen Tieren.

Sicher weißt du, was Willi Wiesel hier zeichnen wollte.
Zeichne die Tiere fertig, und male sie bunt an.

Wo findest du die drei kleinen Bildausschnitte
im großen Bild wieder? Zeichne drei Pfeile dorthin.
Male dann das ganze Bild schön bunt an.

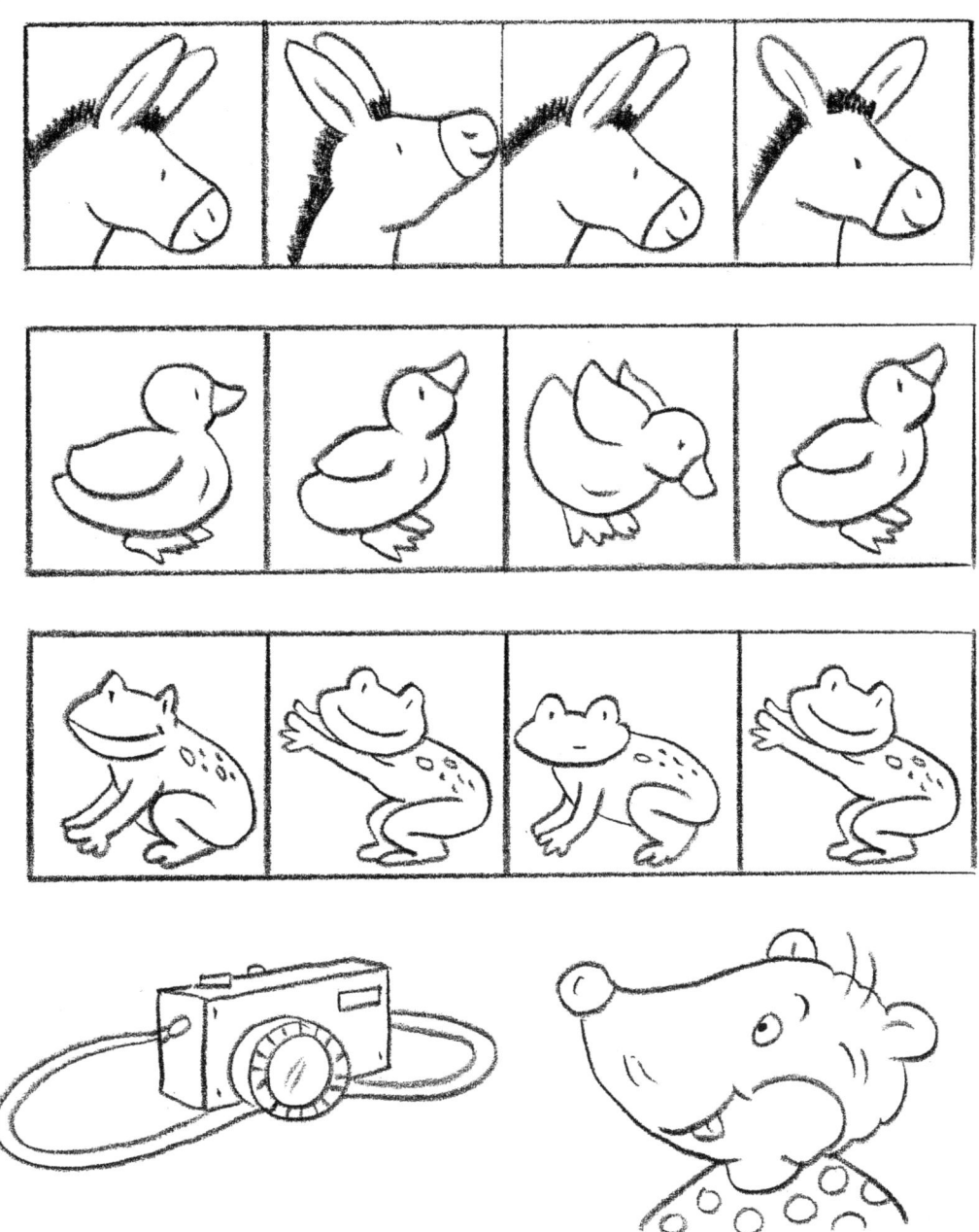

In jeder Reihe hat Willi Wiesel ein Bild zweimal fotografiert.
Male immer die beiden gleichen Bilder bunt an.

Heute geht Willi Wiesel zum Wandern. Für seine Wanderung packt er nur Dinge ein, die man essen oder trinken kann. Male nur diese Dinge bunt an.

Schöne Geschenkbänder!
Male das Band mit ♡ rot an, das mit ⊙ grün,
das mit ☆ gelb und das mit ⬦ blau an.
Welches Band gefällt dir am besten?

In jeder Reihe sind nur zwei Bilder ganz gleich.
Finde sie heraus, und male sie gleich an.

Willi Wiesel hat sechs Häschen in seinem Garten. Bei jedem Häschen steht ein Name an der Stalltüre. Welcher Name hat die meisten Buchstaben? Male dieses Namensschild bunt an.

Willi Wiesel und seine Freundin Inge Igel sammeln Birnen ein
und legen sie in Kisten. Bei wem sind am meisten Birnen
in der Kiste? Male nur diese Birnen grün an.

Während seiner Ferien auf dem Bauernhof hat Willi Wiesel
zwei Bilder gezeichnet. Auf dem unteren Bild sind sieben Dinge
anders als oben. Kreise die Unterschiede im unteren Bild ein.

Was beobachtet Willi Wiesel gerade am Himmel? Mit dem Fernglas sieht Willi Wiesel alles genauer. Verbinde alle Punkte, die zusammengehören, richtig mit einer Linie, dann weißt du es.

Heute spielt Willi Wiesel mit seiner Eisenbahn.
Er stellt alle seine Züge auf die Gleise.
Wie viele Waggons zählst du hinter den Lokomotiven?
Kreise die richtigen Zahlen ein.

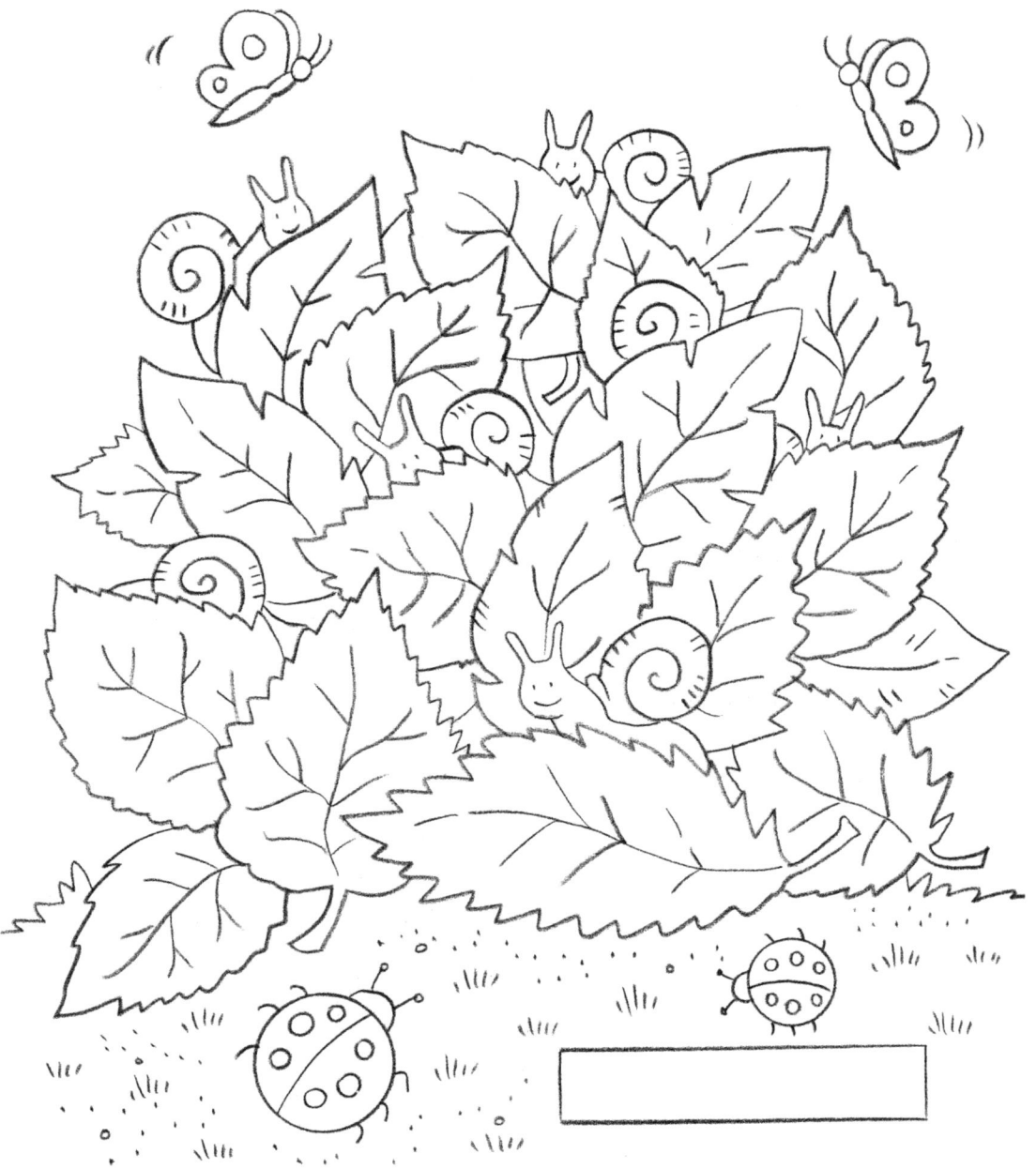

Zwischen diesen Blättern haben sich Schnecken versteckt.
Wie viele Schnecken kannst du entdecken? Male für jede Schnecke
einen Punkt in das leere Kästchen, und zähle die Punkte.

Heute geht Willi Wiesel zu einer Hundeausstellung.
Dort sind viele Hunde zu bestaunen. Zwei Hunde sehen sich
zum Verwechseln ähnlich. Male diese beiden Hunde gleich an.

Das kleine Entchen sucht seine Eltern. Welchen Weg
muss es entlanglaufen, um zu seinen Eltern zu kommen?
Zeichne den richtigen Weg rot ein.

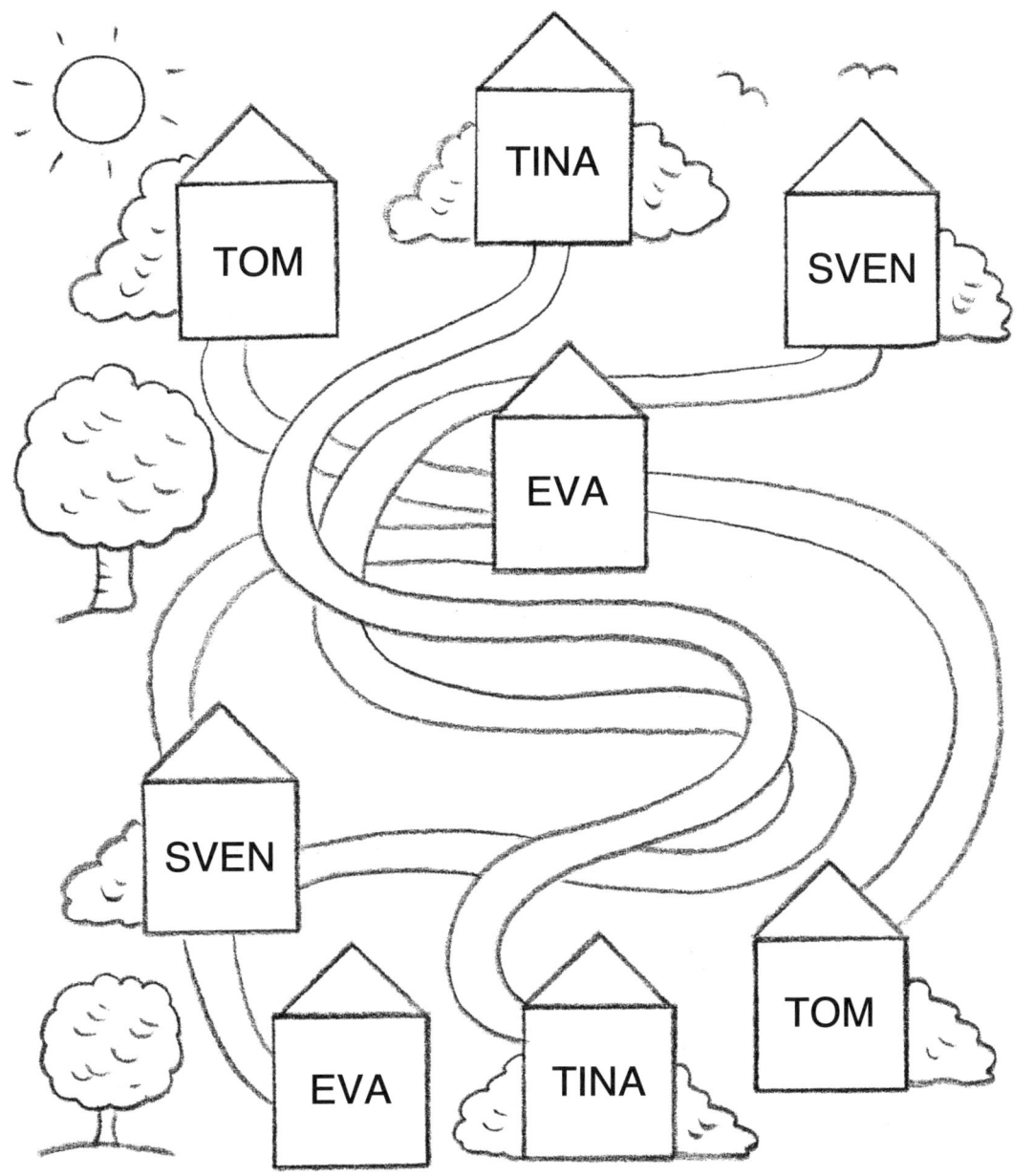

Im Dorf Wieselhausen wohnen mehrere Kinder
mit gleichen Vornamen. Male immer den Weg zwischen
den Kindern mit gleichen Vornamen in einer Farbe an.

Nicht jeder weiß, was diese Tiere gerne fressen.
Wenn du jede Linie mit einem anderen Buntstift nachzeichnest,
siehst du, was welches Tier am liebsten frisst.

In der Eisdiele stehen sechs Eisbecher für Willi und seine Freunde. Immer zwei Eisbecher haben gleich viele Eiskugeln. Male immer die zwei Eisbecher mit gleich vielen Eiskugeln gleich an.

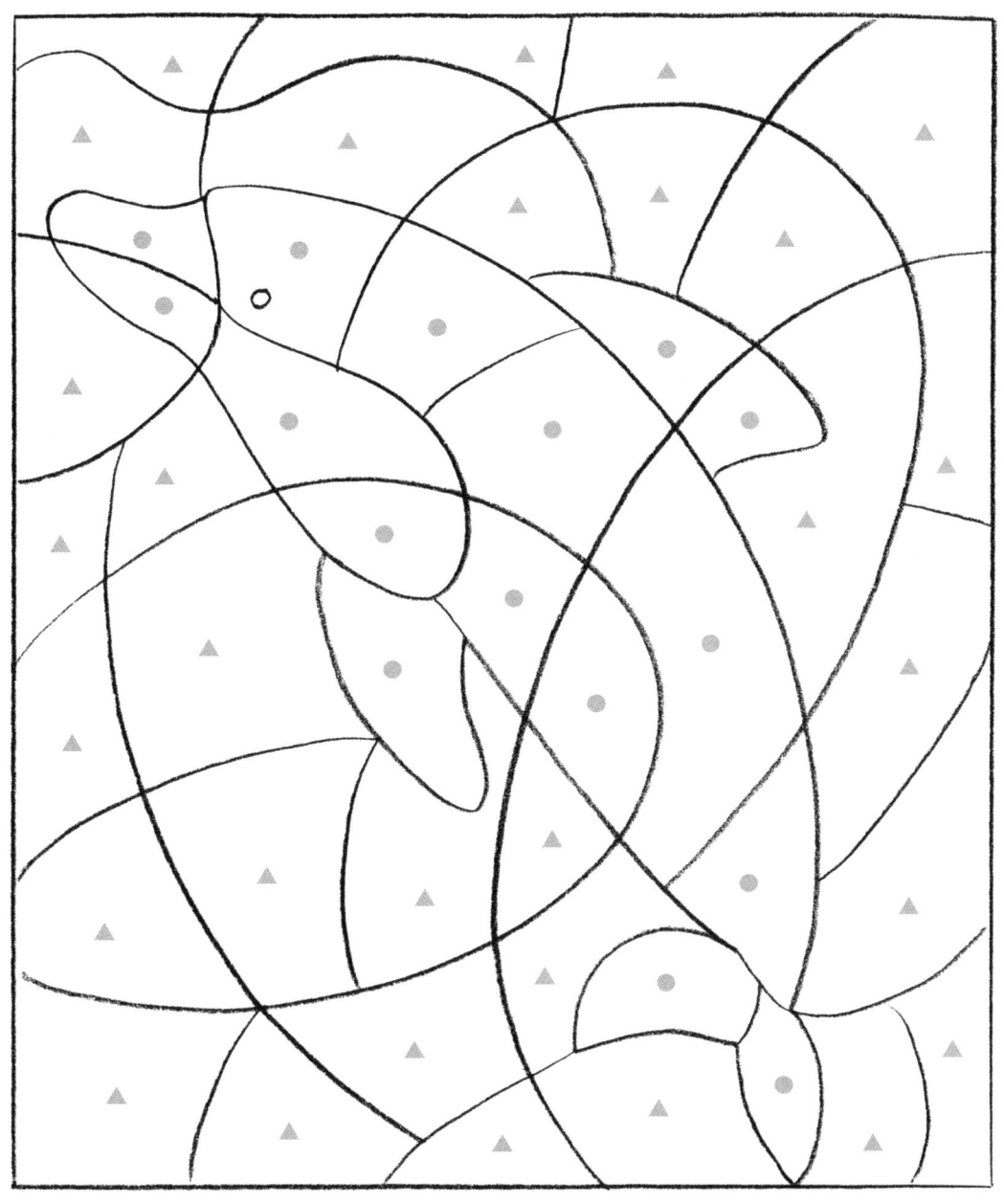

Welches Tier erkennst du auf diesem Bild?
Male alle Felder mit ● Hellblau und
alle Felder mit ▲ Dunkelblau an.

In jeder Reihe passt ein Bild nicht zu den anderen.
Streiche das falsche Bild durch,
und male die anderen Bilder bunt an.

An welcher Luftschlange hat Willi Wiesel gezogen,
und an welchen Luftschlangen haben seine Freunde gezogen?
Male jede Luftschlange mit einer anderen Farbe an.

Willi Wiesel hat sich dieses Clownkostüm aus
vielen kleinen Stoffstückchen selbst geschneidert.
Male alle gleichen Muster mit derselben Farbe an.
Das nächste Muster bekommt eine andere Farbe.

Heute hat Willi mit seinen Freunden Kastanien gesammelt.
Nun basteln alle lustige Kastanientiere. Aus wie vielen Kastanien
besteht jedes Tier? Schreibe die richtige Anzahl in das Kästchen.

Willi Wiesel und seine Freunde haben sich
für ein Maskenfest verkleidet. Bei einer Maske
stimmt etwas nicht. Findest du den Fehler?

Willi Wiesel und seine Freunde haben sich als Ritter verkleidet und spielen das Leben auf einer Ritterburg nach. Zeichne im Bild unten einen Kreis um alle sieben Dinge, die anders als oben sind.

Willi Wiesel isst sehr gerne Gummibärchen.
Male alle Gummibärchen, die auf dem Kopf stehen, gelb an
und alle Bärchen, die richtig herum liegen, rot.

Nur eine Zeichnung ist Willi genau gleich gelungen
wie das Bild im Kreis. Male immer die beiden gleichen Bilder
in einer Reihe bunt an.

Wie sieht diese Hexe, die auch das Maskenfest besucht,
farbig aus? Male sie mit den Farben an, die du von den Dingen
in den kleinen Kästchen kennst.

Willi Wiesel und seine Freunde haben ihre Fähnchen vertauscht.
Welches Fähnchen passt zu welchem T-Shirt?
Suche dasselbe Muster, und verbinde mit Linien.

Willi Wiesel hat sich verlaufen. Die sieben Zwerge lachen
schon, weil Willi den Weg zu ihnen nicht findet. Wie kommt
Willi zu den sieben Zwergen? Zeichne den Weg dorthin rot ein.

Erkennst du, was Willi Wiesel gerade macht?
Schneide die neun Kärtchen aus,
und lege sie richtig zusammen, dann siehst du es.

Willi Wiesel kann sehr gut zählen. Schaffst du das auch?
Verbinde jedes Bild mit der richtigen Zahl durch eine Linie.
Danach kannst du die Bilder und die Zahlen anmalen.

Willi Wiesel hilft seinem Freund Bruno beim Umziehen.
Welche der Sachen, die du oben im Bild siehst,
sind schon auf dem Umzugsauto? Male sie oben bunt an.

Willi hat sich ein Baumhaus gebaut.
Male das Bild in den Farben an, die dir die Zahlen zeigen.
Zum Schluss kannst du Willi bunt anmalen.

1 = Grün   2 = Gelb   3 = Rot   4 = Braun   5 = Blau

Im Schwimmbad hat jeder seine Umkleidekabine.
Willi hat die Nummer 3. Ergänze die fehlenden Nummern
auf den Umkleidekabinen und auf den Taschen,
die darüber abgebildet sind.

Welches Bild ist mit der gleichen Anzahl von Streichhölzern
gelegt worden, die du oben im Becher siehst?
Kreise es ein.

Sprich die Namen dieser Tiere laut aus.
Immer zwei Tiere haben denselben Anfangslaut.
Verbinde jeweils diese beiden Tierbilder mit einer Linie.

Was ist in Wirklichkeit größer?
Zeichne ein Kreuz in das richtige leere Kästchen.

Heute besucht Willi einen Vergnügungspark.
Zuerst geht er zum Geisterschloss mit den vielen Geistern.
Ein Gespenst gibt es mehr als einmal. Welches ist es?
Wie oft findet er das gleiche Gespenst?

Am Strand hat Willi Wiesel allerlei Dinge gefunden.
Von welchen hat er am meisten gesammelt?
Verbinde die Dinge mit den richtigen Zahlen.

Heute zählt Willi Wiesel, wie viel Geschirr er von jeder Sorte hat.
Zähle das Geschirr in einem Fach, und suche,
in welchem anderen Fach genauso viele Dinge stehen.
Male diese beiden Fächer gleich an.

Willi und seine Freunde üben Seilspringen.
Immer zwei Freunde halten zusammen ein Springseil.
Leider sind die Seile durcheinandergeraten.
Male jedes Springseil mit einer anderen Farbe an.

Alle Tiere im Zoo haben Namensschilder am Gehege.
Male alle **L** auf den Schildern rot, alle **K** blau
und alle **O** gelb an.

Jeder Vogel ist auch an seinem Schattenbild zu erkennen.
Verbinde jeden Vogel mit dem richtigen Schatten.

Alle Vögel haben ihre Eier bereits in ihr Nest gelegt.
Suche immer die zwei Nester, in denen gleich viele Eier liegen,
und male sie mit derselben Farbe an.

Drei verschiedene Pilzarten kennt Willi Wiesel. Wie viele Pilze hat er von jeder Pilzart entdeckt? Male so viele Punkte wie Pilze in die Kästchen. Welcher Pilz kommt am häufigsten vor?

Willi hört ein seltsames Geräusch. Was kann das sein?
Male die Felder mit den Zeichen so aus,
wie es angegeben ist, dann weißt du es.

▼ = Hellgrün   ★ = Rot   ● = Blau   ■ = Dunkelgrün

Alle Mäuschen laufen vor der Katze weg. In welche Richtung laufen mehr Mäuschen davon? Zeichne für jedes Mäuschen einen Punkt unter den richtigen Pfeil, und zähle die Punkte.

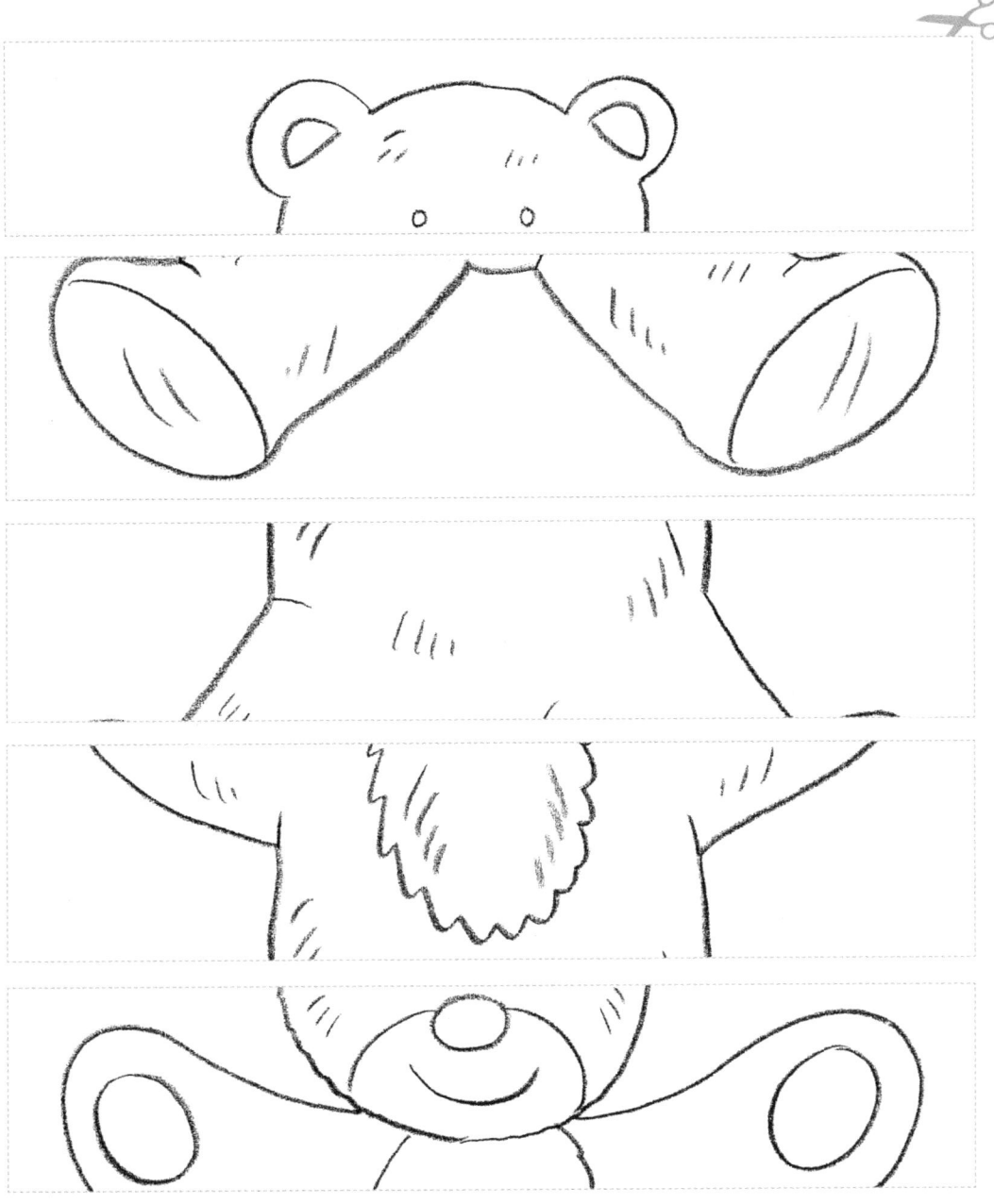

Welches Plüschtier ist das? Schneide die fünf Teile aus,
und klebe sie richtig zusammen. Dann kannst du es anmalen.
Vielleicht kann dir jemand dabei helfen.

In jeder Reihe passt ein Bild <u>nicht</u> zu den anderen Bildern.
Male nur die zusammenpassenden Bilder farbig an,
und streiche das falsche Bild durch.

Willi Wiesel und seine Freunde haben viel Spaß auf dem Jahrmarkt. Suche die sieben Unterschiede zwischen den beiden Bildern. Kreise im unteren Bild alles ein, was anders ist.

Willi Wiesel hat seine Sachen schön in immer derselben
Reihenfolge geordnet. In jeder Reihe fehlt aber etwas.
Zeichne die fehlenden Dinge ins Regal.

Welches Kleidungsstück hat Willi Wiesel
heute <u>nicht</u> angezogen? Streiche es durch.

Willi Wiesel hat von jedem Bild eine Hälfte abgeschnitten.
Welche zweite Hälfte passt genau zu dem Bild im Rahmen?
Male nur die beiden Hälften,
die genau zusammenpassen, farbig an.

Beim Besuch der Tropfsteinhöhle staunen Willi Wiesel und
sein Freund, der Hase Hoppel, nicht schlecht über die Eiszapfen
an der Decke und am Boden. Wo sind mehr Eiszapfen?

Was wiegt mehr?
Male in jeder Reihe das bunt an, was schwerer ist.

Male zuerst diese acht Formen farbig an.
Schneide sie dann aus, und versuche, die unten
abgebildeten Blütenformen mit den acht Teilen zu legen.

Im Regal wechseln sich in einer Reihe immer zwei Dinge ab.
Zeichne die fehlenden Sachen an den leeren Stellen ins Regal.

Willi Wiesel und seine Freunde
bauen aus leeren Plastikflaschen drei hohe Türme.
Wer hat diemeisten Flaschen aufeinandergestellt?
Zähle die Flaschen.

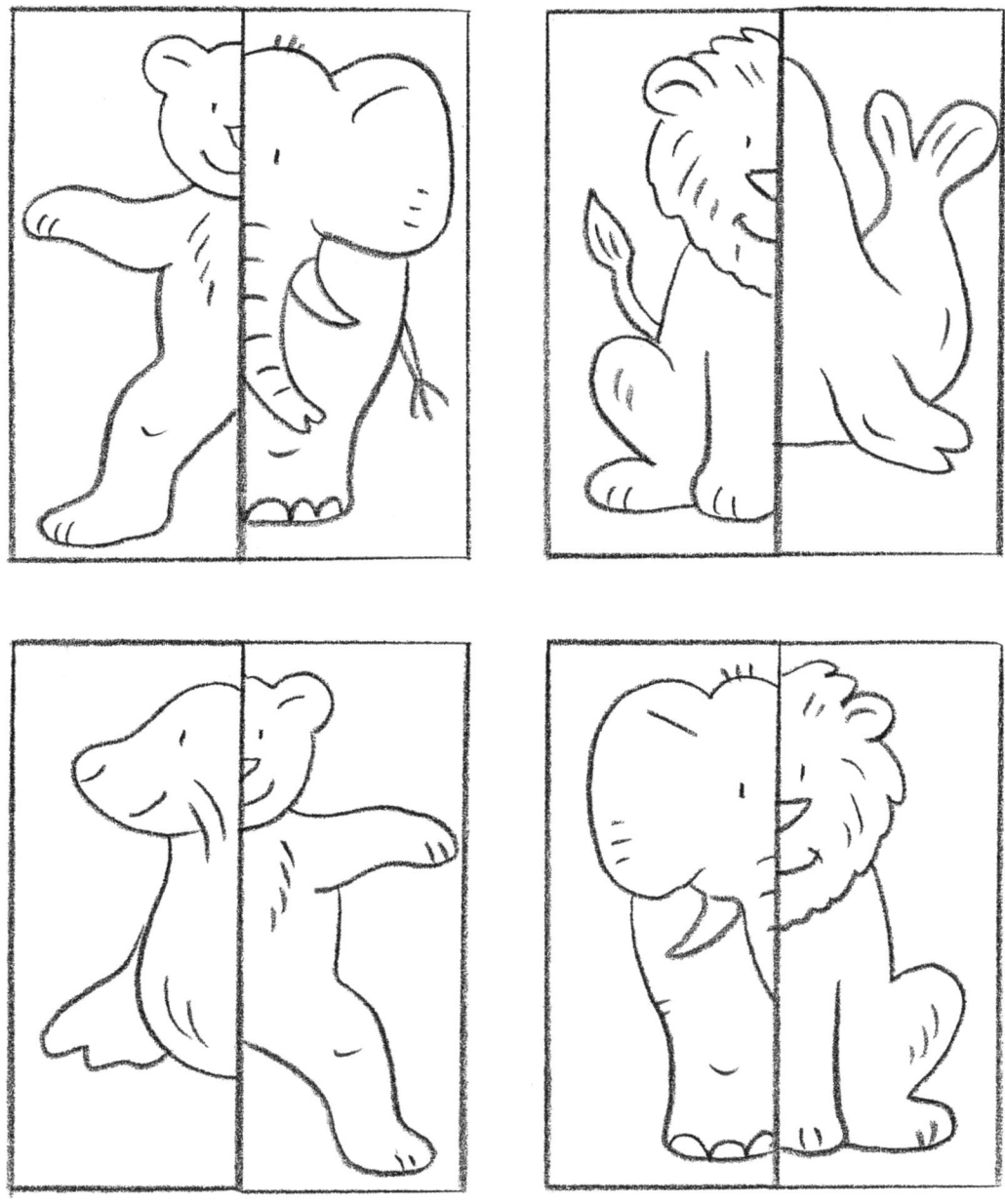

Heute besucht Willi Wiesel den Zirkus. Die großen Plakate
für den Zirkus wurden in der Mitte falsch zusammengeklebt.
Schneide die acht Bildteile aus, und klebe sie richtig zusammen.

Willi Wiesel fährt gerne mit seinem Skateboard herum.
Im unteren Bild sind sieben Dinge anders als oben.
Kreuze im unteren Bild an, wo etwas anders ist.

Im Sportverein hat jeder eine Nummer an seinem Kleiderhaken
und unter der Bank eine Nummer für die Schuhe.
Schreibe die fehlenden Zahlen an die freien Stellen.

MINKA

HOPPEL

Das sind die Katze Minka und der Hase Hoppel.
Male nur die großen Buchstaben farbig an, die in den Namen
„MINKA" und „HOPPEL" vorkommen.

Im Zirkus macht der Zauberer seine Zahlenspiele.
Schreibe die fehlenden Zahlen in der richtigen Reihenfolge
in die Bälle und in die leeren Kästchen.

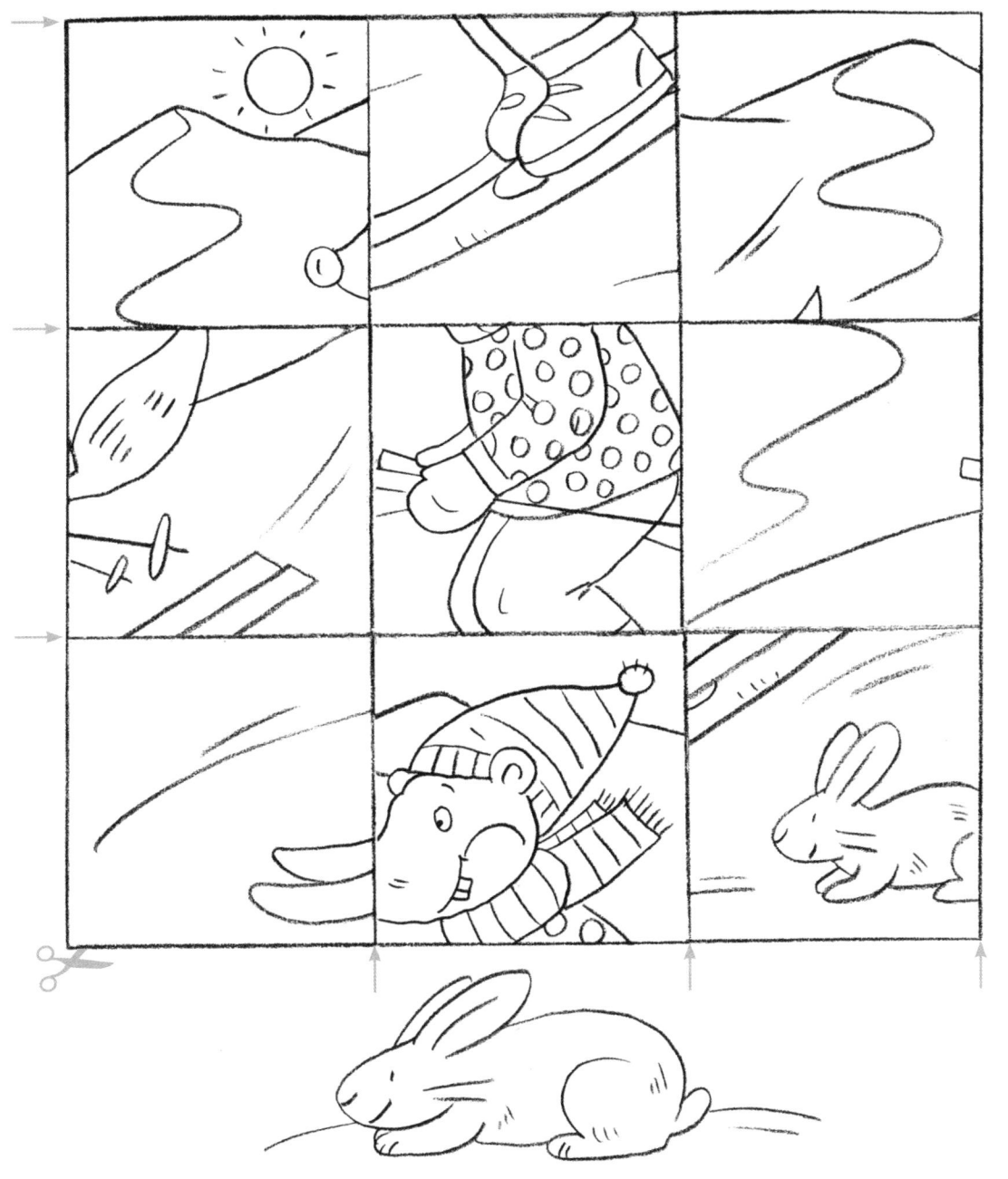

Was macht Willi Wiesel gerade?
Schneide die neun Puzzleteile aus,
und setze sie richtig zusammen, dann weißt du es.

Wo entdeckst du in der Reihe
genau das gleiche Bild wie links noch einmal?
Male die beiden gleichen Bilder bunt an.

Weißt du, welche dieser Tiere fliegen können?
Male nur diese Tiere bunt an.

Zu seinem Geburtstag hat sich Willi Wiesel
eine Decke mit vielen verschiedenen Mustern gewünscht.
Male alle gleichen Muster mit denselben Farben an.

Im großen Muster sind die Zahlen von 1 bis 6 versteckt.
Suche sie, und male sie immer mit derselben Farbe an
wie dieselbe Zahl in der unteren Reihe.

✖ = Gelb ▲ = Grün

■ = Orange ● = Rot

★ = Blau

In diesem geheimnisvollen Fenster in einem Schloss sind
sechs Zahlen versteckt. Eine Zahl kommt zweimal vor. Welche?
Male die Fenster so an, wie es angegeben ist, dann siehst du es.

Willi Wiesel ist mit seinen Freunden beim Angeln.
Aber die Angelschnüre sind ziemlich durcheinandergeraten.
Wer angelt welchen Fisch?

Wenn du die fünf Vierecke, die du oben siehst,
ausschneidest, kannst du diese beiden Buchstaben legen.
Probiere es aus.

Eines der vier Dinge in jeder Reihe
ist <u>in Wirklichkeit</u> am kleinsten. Finde es heraus,
und male es mit Buntstiften an.

Was geschieht zuerst, was danach? Ordne die vier Bilder,
und bringe sie in die richtige Reihenfolge.
Male die Zeichen in der richtigen Reihenfolge in die Kästchen.

Am Wochenende geht Willi Wiesel gerne in seine Werkstatt.
Einige Dinge, die du dort siehst, sind <u>keine</u> Werkzeuge.
Streiche alles durch, was kein Werkzeug ist.

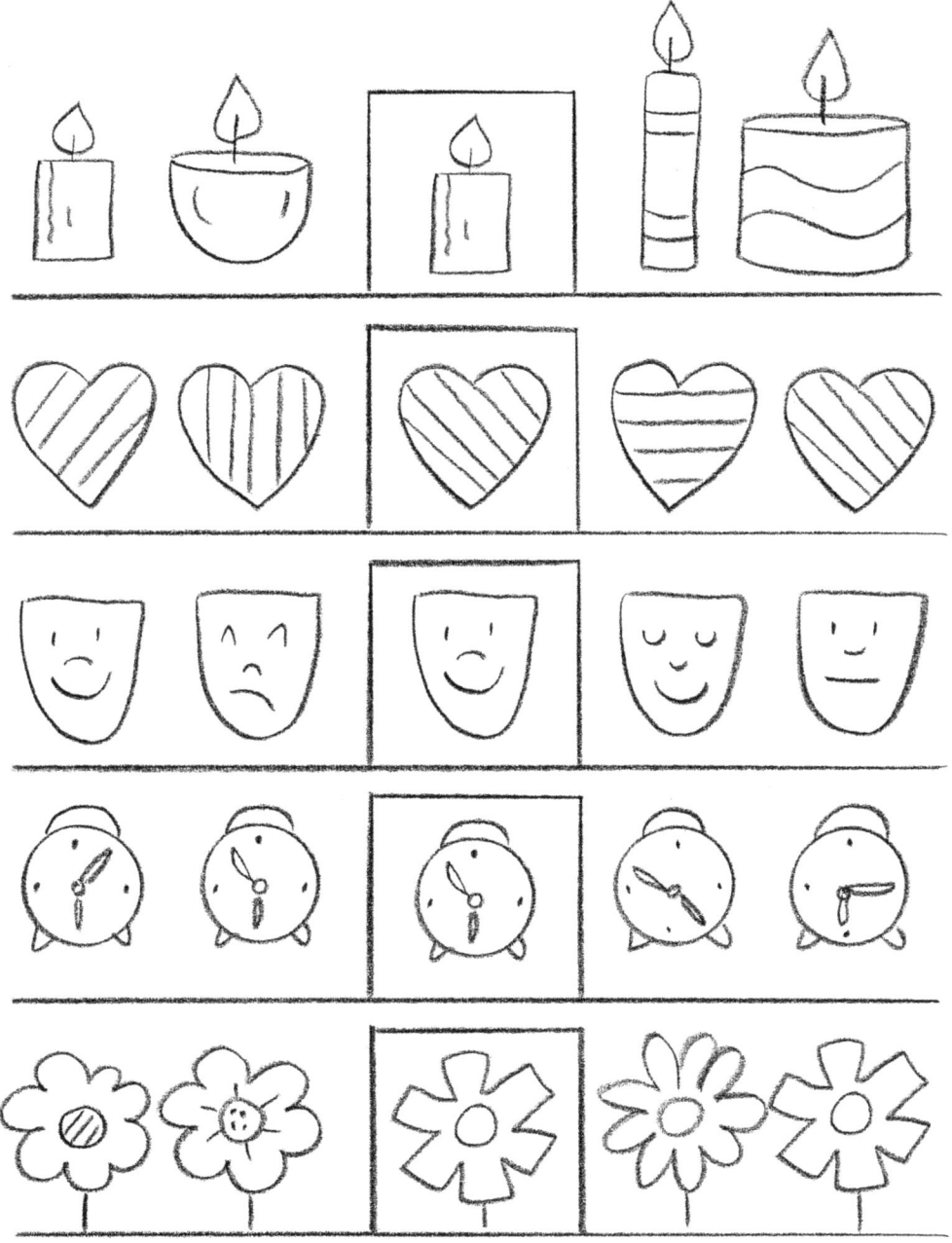

Suche in jeder Reihe das Bild, das genauso aussieht
wie das Bild in der Mitte, und male es farbig an.

Gerade füttert Willi die Kaninchen. Jedes Kaninchen soll zwei
Gelbe Rüben bekommen. Reichen die Gelben Rüben, oder erhält
ein Kaninchen zu wenig? Male erst immer zwei Rüben gleich an.

In welche Richtung fliegen diese Tiere und Dinge –
nach oben, nach unten, nach links oder nach rechts?
Zeichne neben jedes Bild einen Pfeil mit der richtigen Richtung.

Was ist das? Willi hat etwas gezeichnet, das es auf der Baustelle gibt. Kannst du die fünf Einzelteile ausschneiden und richtig zusammenlegen? Klebe sie dann richtig auf ein Blatt Papier.

Welche dieser Wörter kannst du mit den
vier großen Buchstaben in der Mitte schreiben?
Male es rot an.

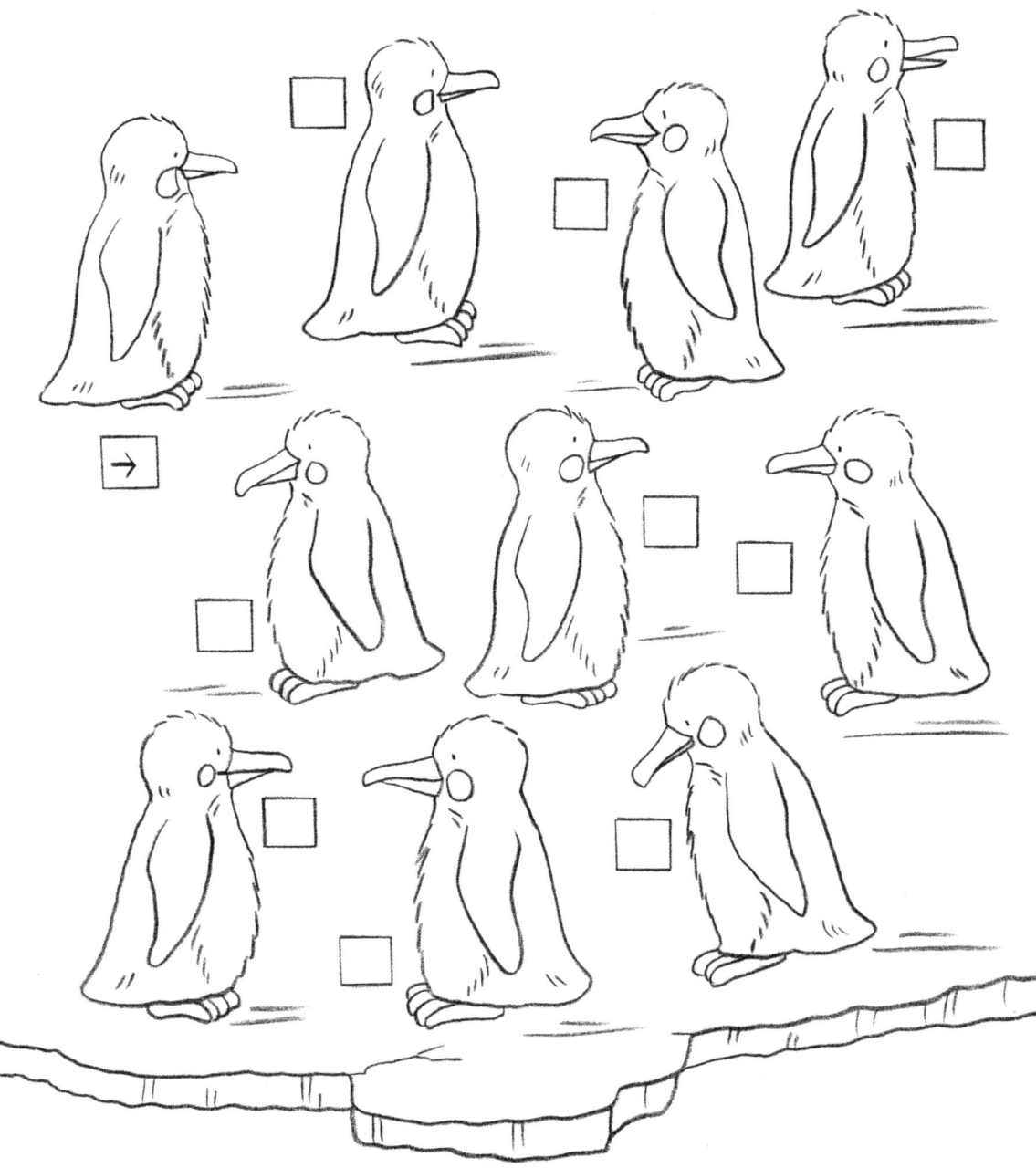

In der großen Pinguinkolonie laufen alle Tiere durcheinander.
Schaue immer, in welche Richtung der Pinguin läuft, und zeichne
den Pfeil in dieser Richtung in das Kästchen neben dem Tier.

Heute hat Willi Wiesel ein besonderes Auto gezeichnet und es dann in fünf Teile zerschnitten. Schneide die fünf Einzelteile aus, und lege sie richtig zusammen.

Die Schattenbilder sehen sehr ähnlich aus.
Du musst genau hinsehen, um den richtigen Schatten
zum Bild in der Mitte zu finden. Kreise den richtigen Schatten ein.

Die Freunde wollen auf die Insel. Male der Reihe nach
immer ein Dreieck, einen Kreis und ein Viereck farbig an.
Dann machst du wieder beim Dreieck weiter.
Wer ist als Erster auf der Insel?

Auf jedem Schiffchen steht ein Buchstabe. Zeichne für
jeden Buchstaben einen Punkt in das richtige Kästchen.
Welcher Buchstabe kommt am häufigsten vor?

Heute richtet Willi Wiesel seine Schreibsachen her,
schreibt seiner Freundin Rosi einen Brief und schickt ihn ab.
Bringe die Bilder in die richtige Reihenfolge,
und male die Zeichen richtig in die Kästchen.

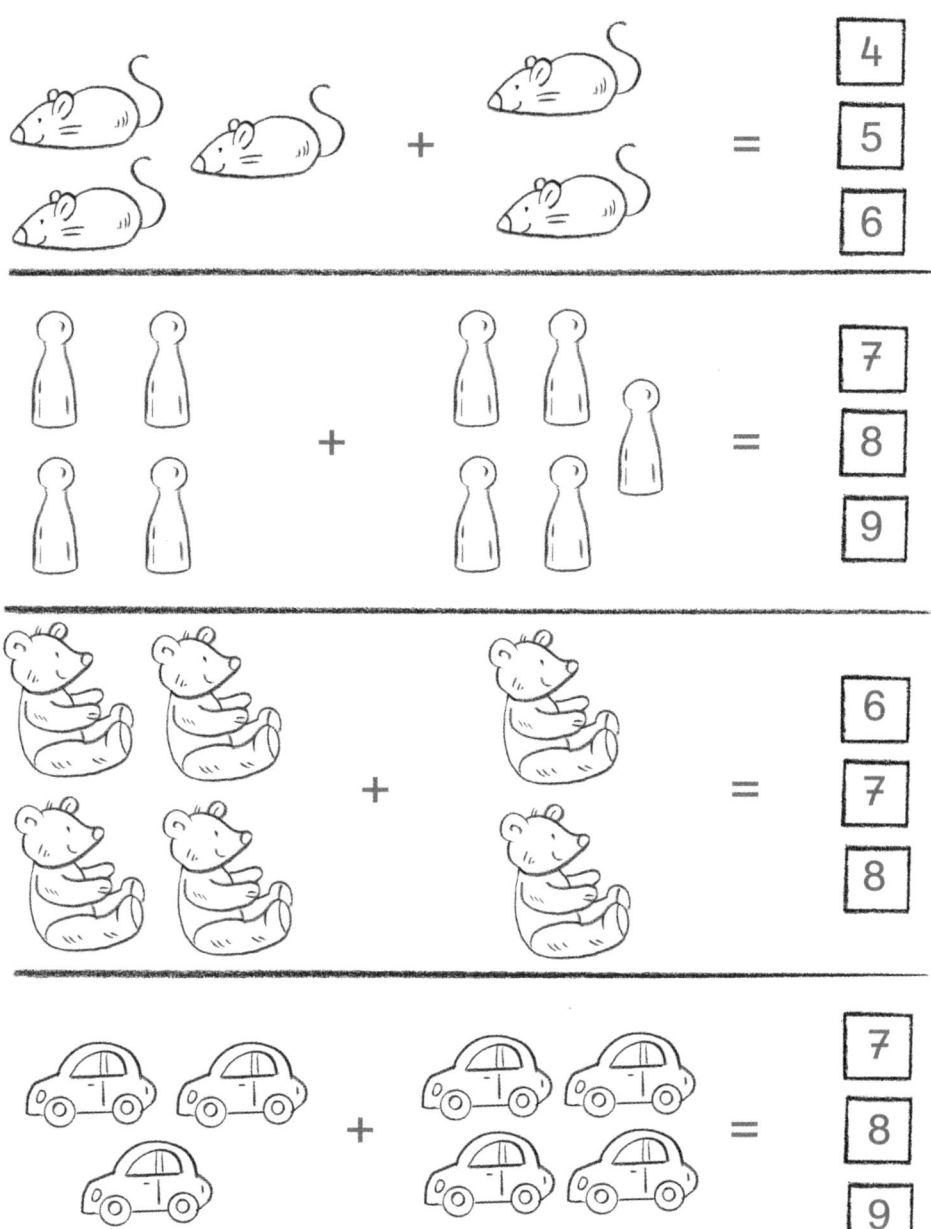

Heute zählt Willi Wiesel seine Spielzeuge.
Wie viele Dinge sind es in jeder Reihe?
Rechne aus, und kreuze die richtige Zahl an.

Kannst du ausrechnen, wie viele Tiere es sind, wenn du
die Jungtiere und das erwachsene Tier zusammenzählst?
Schreibe die richtigen Zahlen in die Kästchen.